Europäisches Parlament, Rat der Europäischen Union

Verordnung (EU) Nr. 1302/2013

des Europäischen Parlaments und des Rates vom 17. December 2013 zur Änderung der Verordnung (EG) Nr. 1082/2006 über den Europäischen Verbund für territoriale Zusammenarbeit [...]

Antiphon Verlag

Europäisches Parlament, Rat der Europäischen Union

Verordnung (EU) Nr. 1302/2013

des Europäischen Parlaments und des Rates vom 17. December 2013 zur Änderung der Verordnung (EG) Nr. 1082/2006 über den Europäischen Verbund für territoriale Zusammenarbeit [...]

1. Auflage 2026 | ISBN: 978-3-38798-717-1

Antiphon Verlag ist ein Imprint der Antiquum Novum Verlag.

Verlag: Antiquum Novum Verlag UG (haftungsbeschränkt), Im Erlengrund 6a, 35510 Butzbach, Deutschland, info@antiquum-novum.de
Vertretungsberechtigt: E. Roepke, Zeilweg 44, 60439 Frankfurt, Deutschland
Druck: Libri Plureos GmbH, Friedensallee 273, 22763 Hamburg, Deutschland

VERORDNUNG (EU) Nr. 1302/2013 DES EUROPÄISCHEN PARLAMENTS UND DES RATES

vom 17. December 2013

zur Änderung der Verordnung (EG) Nr. 1082/2006 über den Europäischen Verbund für territoriale Zusammenarbeit (EVTZ) im Hinblick auf Präzisierungen, Vereinfachungen und Verbesserungen im Zusammenhang mit der Gründung und Arbeitsweise solcher Verbünde

DAS EUROPÄISCHE PARLAMENT UND DER RAT DER EUROPÄISCHEN UNION —

gestützt auf den Vertrag über die Arbeitsweise der Europäischen Union, insbesondere auf Artikel 175 Absatz 3,

auf Vorschlag der Europäischen Kommission,

nach Übermittlung des Entwurfs eines Gesetzgebungsakts an die nationalen Parlamente,

nach Stellungnahme des Europäischen Wirtschafts- und Sozialausschusses [1],

nach Stellungnahme des Ausschusses der Regionen [2],

gemäß dem ordentlichen Gesetzgebungsverfahren,

in Erwägung nachstehender Gründe:

(1) In Übereinstimmung mit der Verordnung (EG) Nr. 1082/2006 des Europäischen Parlaments und des Rates [3] hat die Kommission am 29. Juli 2011 einen Bericht an das Europäische Parlament und den Rat über die Anwendung jener Verordnung angenommen. In diesem Bericht gab die Kommission ihre Absicht, eine begrenzte Anzahl von Änderungen an der Verordnung (EG) Nr. 1082/2006 vorzuschlagen, um die Gründung und Verwaltung von EVTZ zu erleichtern, sowie eine Klarstellung bezüglich einiger bestehende Bestimmungen vorzuschlagen, bekannt. Die Hindernisse bei der Gründung neuer EVTZ sollten beseitigt werden, während gleichzeitig die Kontinuität der bestehenden EVTZ gesichert und deren Verwaltung erleichtert werden sollten, um somit eine intensivere Nutzung von EVTZ zu erreichen, um zu einer besseren Politikkohärenz und Zusammenarbeit zwischen den öffentlichen Körperschaften beizutragen, ohne dass den nationalen oder Unionsbehörden zusätzlicher Verwaltungsaufwand entsteht.

(2) Die Gründung eines EVTZ sollte von seinen Mitgliedern und deren nationalen Behörden beschlossen werden und ist nicht automatisch mit rechtlichen oder finanziellen Vorteilen auf Unionsebene verbunden.

(3) Mit dem Vertrag von Lissabon wurde die Kohäsionspolitik um die territoriale Dimension erweitert, und der Begriff "Gemeinschaft" wurde durch "Union" ersetzt. Die neue Terminologie sollte daher in die Verordnung (EG) Nr. 1082/2006 aufgenommen werden.

(4) EVTZ können möglicherweise die harmonische Entwicklung der gesamten Union stärker fördern und besser verwirklichen und insbesondere den wirtschaftlichen, sozialen und territorialen Zusammenhalt ihrer Regionen stärken und zum Erreichen der Ziele der Strategie Europa 2020 für intelligentes, nachhaltiges und integratives Wachstum (im Folgenden "Strategie Europa 2020") beitragen. Außerdem können EVTZ einen positiven Beitrag zum Abbau von Hindernissen für die territoriale Zusammenarbeit zwischen Gebieten mit schweren und dauerhaften natürlichen oder demografischen Nachteilen, einschließlich der spezifischen Situation der Regionen in äußerster Randlage, leisten und maßgeblich zur Stärkung der Zusammenarbeit zwischen Drittländern, überseeischen Ländern und Gebieten (im Folgenden "ÜLG") und Grenzregionen der Union beitragen, unter anderem durch die Nutzung der externen Kooperationsprogramme der Union.

(5) Die Erfahrung mit den bisher gegründeten EVTZ hat gezeigt, dass EVTZ als Rechtsinstrumente auch für die Zusammenarbeit im Zusammenhang mit politischen Strategien der Union, bei denen es sich nicht um Kohäsionspolitik handelt, genutzt werden, unter anderem durch die Umsetzung von Programmen oder Teilen von Programmen mit anderen Finanzhilfen der Union als den Mitteln der Kohäsionspolitik. Die Effizienz und Wirksamkeit der EVTZ sollten durch eine Erweiterung des Wirkungsbereichs dieser Verbünde, die Beseitigung bestehender Hindernisse und die Erleichterung der Gründung und Verwaltung von EVTZ verbessert werden, wobei die Mitgliedstaaten weiterhin die Möglichkeit haben sollten, die Maßnahmen, die diese Verbünde ohne finanzielle Beteiligung der Union durchführen können, einzuschränken. Gemäß der Verordnung (EG) Nr. 1082/2006 verfügen EVTZ in jedem Mitgliedstaat über die weitestgehende Rechts- und Geschäftsfähigkeit, die im nationalen Recht dieses Mitgliedstaats juristischen Personen zuerkannt wird, welche auch die Möglichkeit umfasst, zwecks Durchführung gemeinsamer Kooperationsvorhaben mit anderen EVTZ oder anderen juristischen Personen Vereinbarungen abzuschließen, um unter anderem für ein effizienteres Funktionieren makroregionaler Strategien zu sorgen.

(6) Die EVTZ sind definitionsgemäß in mehr als einem Mitgliedstaat tätig. Entsprechend sieht die Verordnung (EG) Nr. 1082/2006 die Möglichkeit vor, dass das bei bestimmten Fragen anwendbare Recht in der Übereinkunft und Satzung der EVTZ festgelegt wird. Die Fälle, in denen derartige Festlegungen im Rahmen der Hierarchie des in jener Verordnung festgelegten anwendbaren Rechts den Rechtsvorschriften des Mitgliedstaats, in dem der EVTZ seinen satzungsmäßigen Sitz hat, Vorrang einzuräumen haben, sollten bestimmt werden. Gleichzeitig sollten die Bestimmungen der Verordnung (EG) Nr. 1082/2006 zum anwendbaren Recht auf die Handlungen und Tätigkeiten eines EVTZ ausgeweitet werden, die in jedem einzelnen Fall einer rechtlichen Prüfung durch die Mitgliedstaaten unterliegen.

(7) Infolge des unterschiedlichen Status der lokalen und regionalen Einrichtungen in den einzelnen Mitgliedstaaten

---

[1] ABl. C 191 vom 29.6.2012, S. 53.
[2] ABl. C 113 vom 18.4.2012, S. 22.
[3] Verordnung (EG) Nr. 1082/2006 des Europäischen Parlaments und des Rates vom 5. Juli 2006 über den Europäischen Verbund für territoriale Zusammenarbeit (EVTZ) (ABl. L 210 vom 31.7.2006, S. 19).

können Kompetenzen, die auf der einen Seite der Grenze regional sind, auf der anderen Seite der Grenze national geregelt sein, so insbesondere in kleineren oder zentralisierten Mitgliedstaaten. Folglich sollten neben dem Mitgliedstaat auch die nationalen Behörden Mitglied eines EVTZ werden können.

(8) Während die Verordnung (EG) Nr. 1082/2006 vorsieht, dass Einrichtungen des privaten Rechts Mitglied eines EVTZ werden können, wenn sie als "Einrichtung des öffentlichen Rechts" im Sinne der Definition in der Richtlinie 2004/18/EG des Europäischen Parlaments und des Rates ([1]) gelten, sollte es künftig möglich sein, EVTZ zu nutzen, um öffentliche Dienstleistungen mit besonderem Augenmerk auf Dienstleistungen von allgemeinem wirtschaftlichen Interesse oder die Infrastruktur gemeinsam zu verwalten. Andere Akteure privaten oder öffentlichen Rechts sollten daher ebenfalls Mitglieder eines EVTZ werden können. Dies sollte entsprechend auch für "öffentliche Unternehmen" im Sinne der Definition in der Richtlinie 2004/17/EG des Europäischen Parlaments und des Rates ([2]) und Unternehmen, die mit der Erbringung von Dienstleistungen von allgemeinem wirtschaftlichen Interesse in Bereichen wie Bildung und Ausbildung, medizinische Versorgung, soziale Bedürfnisse in Bezug auf Gesundheitsversorgung und Langzeitpflege, Kinderbetreuung, Zugang zum oder Wiedereingliederung in den Arbeitsmarkt, sozialer Wohnungsbau und Betreuung und soziale Inklusion gefährdeter Gruppen betraut sind, gelten.

(9) Die Verordnung (EG) Nr. 1082/2006 enthält keine detaillierten Vorschriften für die Teilnahme von Körperschaften aus Drittländern an einem gemäß jener Verordnung – d. h. zwischen Mitgliedern aus mindestens zwei Mitgliedstaaten – eingerichteten EVTZ. In Anbetracht der Tatsache, dass die Vorschriften für die Zusammenarbeit eines oder mehrerer Mitgliedstaaten mit einem oder mehreren Drittländern weiter aneinander angeglichen werden sollen – vor allem im Hinblick auf die grenzübergreifende Zusammenarbeit im Rahmen des Europäischen Nachbarschaftsinstruments (ENI) und des Instruments für Heranführungshilfe (IPA II), aber auch im Hinblick auf die zusätzliche Finanzierung über den Europäischen Entwicklungsfonds und auf die transnationale Zusammenarbeit im Rahmen des Ziels "Europäische territoriale Zusammenarbeit", bei der Mittel vom ENI und vom IPA II übertragen werden sollen, um sie im Rahmen von gemeinsamen Kooperationsprogrammen mit Mitteln aus dem Europäischen Fonds für regionale Entwicklung (ERDF) zu bündeln –, sollte ausdrücklich festgelegt werden, dass Mitglieder aus Drittländern, die an einen Mitgliedstaat einschließlich seiner Gebiete in äußerster Randlage angrenzen, an EVTZ, die von Mitgliedern aus mindestens zwei Mitgliedstaaten gegründet wurden, teilnehmen können. Ihre Teilnahme sollte möglich sein, sofern die Rechtsvorschriften eines Drittlandes oder die Vereinbarungen zwischen mindestens einem teilnehmenden Mitgliedstaat und einem Drittland dies erlauben.

(10) Um den wirtschaftlichen, sozialen und territorialen Zusammenhalt der Union zu stärken und daher insbesondere die Wirksamkeit der territorialen Zusammenarbeit, einschließlich eines oder mehrerer der grenzübergreifenden, transnationalen und interregionalen Ausrichtungen der Zusammenarbeit zwischen Mitgliedern eines EVTZ, zu steigern, sollten Drittländer, die an einen Mitgliedstaat – einschließlich seiner Gebiete in äußerster Randlage – angrenzen, an EVTZ teilnehmen dürfen. Vorhaben, die Bestandteil der Programme im Rahmen des Ziels "Europäische territoriale Zusammenarbeit" sind und die von der Union kofinanziert werden, sollten daher weiter den kohäsionspolitischen Zielen der Union dienen, auch wenn sie teilweise oder ganz außerhalb des Hoheitsgebiets der Union durchgeführt werden und folglich die Tätigkeiten des betreffenden EVTZ somit mindestens bis zu einem gewissen Grade auch außerhalb des Unionsgebiets stattfinden. In dieser Hinsicht ist der Beitrag der Tätigkeiten eines EVTZ, dem auch Mitglieder aus Drittländern angehören, die an mindestens einen Mitgliedstaat – einschließlich seiner Gebiete in äußerster Randlage – angrenzen, zur Verwirklichung der außenpolitischen Ziele der Union, beispielsweise ihrer Ziele auf dem Gebiet der Entwicklungszusammenarbeit oder der wirtschaftlichen, finanziellen und technischen Zusammenarbeit, gegebenenfalls nebensächlich, denn der Schwerpunkt der betreffenden Kooperationsprogramme und folglich der Tätigkeiten dieses EVTZ sollte in erster Linie auf den kohäsionspolitischen Zielen der Union liegen. Infolgedessen sind alle etwaigen Ziele auf dem Gebiet der Entwicklungszusammenarbeit oder der wirtschaftlichen, finanziellen und technischen Zusammenarbeit zwischen einem Mitgliedstaat – einschließlich seiner Gebiete in äußerster Randlage – und einem oder mehreren Drittländern gegenüber den kohäsionspolitischen Zielen der territorialen Zusammenarbeit zwischen Mitgliedstaaten – einschließlich ihrer Gebiete in äußerster Randlage – lediglich von untergeordneter Bedeutung. Daher reicht Artikel 175 Absatz 3 des Vertrags über die Arbeitsweise der Europäischen Union (AEUV) als Rechtsgrundlage für den Erlass der vorliegenden Verordnung aus.

(11) Da aufgrund des Beschlusses 2013/755/EU des Rates ([3]) nationale, regionale, subregionale und lokale Behörden und Organisationen sowie gegebenenfalls andere öffentliche Einrichtungen oder Institutionen – einschließlich Erbringer öffentlicher Dienstleistungen – aus einem ÜLG an einem EVTZ teilnehmen dürfen und unter Berücksichtigung der Tatsache, dass, im Falle des Programmplanungszeitraums 2014–2020, die Zusammenarbeit der Unionsregionen in äußerster Randlage mit angrenzenden Drittländern und einigen der in Anhang II AEUV aufgeführten ÜLG, die an diese Regionen in äußerster Randlage angrenzen, durch besondere zusätzliche Finanzmittel aus dem mehrjähriger Finanzrahmen verstärkt wird, sollte der EVTZ als Rechtsinstrument auch gegenüber Mitgliedern aus ÜLG geöffnet werden. Im Interesse der Rechtssicherheit und Transparenz sollten für die Genehmigung des Beitritts von Mitgliedern aus einem ÜLG zu einem EVTZ besondere Verfahren festgelegt werden, wobei erforderlichenfalls gesondert zu regeln ist, welches Recht auf den jeweiligen EVTZ, an dem Mitglieder aus einem ÜLG teilnehmen, anwendbar ist.

([1]) Richtlinie 2004/18/EG des Europäischen Parlaments und des Rates vom 31. März 2004 über die Koordinierung der Verfahren zur Vergabe öffentlicher Bauaufträge, Lieferaufträge und Dienstleistungsaufträge (ABl. L 134 vom 30.4.2004, S. 114).

([2]) Richtlinie 2004/17/EG des Europäischen Parlaments und des Rates vom 31. März 2004 zur Koordinierung der Zuschlagserteilung durch Auftraggeber im Bereich der Wasser-, Energie- und Verkehrsversorgung sowie der Postdienste (ABl. L 134 vom 30.4.2004, S. 1).

([3]) Beschluss 2013/755/EU des vom 25 November 2013 Rates über die Assoziierung der überseeischen Länder und Gebiete mit der Europäischen Union ("Übersee-Assoziationsbeschluss") (ABl. L 344 vom 19.12.2013, S. 1).

(12) Die Verordnung (EG) Nr. 1082/2006 unterscheidet zwischen der Übereinkunft, in der die konstitutiven Elemente des künftigen EVTZ bestimmt werden, und der Satzung, die die Elemente der Umsetzung enthält. Gemäß jener Verordnung muss die Satzung derzeit jedoch auch alle Bestimmungen der Übereinkunft enthalten. Auch wenn sowohl die Übereinkunft als auch die Satzung den Mitgliedstaaten zu übermitteln sind, stellen sie unterschiedliche Dokumente dar und nur die Übereinkunft sollte einem Genehmigungsverfahren unterliegen. Weiterhin sollten einige Elemente, die derzeit in der Satzung enthalten sind, stattdessen in die Übereinkunft aufgenommen werden.

(13) Die Erfahrung mit der Gründung von EVTZ hat gezeigt, dass die Frist von drei Monaten für das Genehmigungsverfahren der Mitgliedstaaten selten eingehalten wurde. Dieser Zeitraum sollte daher auf sechs Monate verlängert werden. Um Rechtssicherheit für die Zeit nach Ablauf dieser Frist zu schaffen, sollte die Übereinkunft jedoch gegebenenfalls im Einklang mit dem nationalen Recht der betreffenden Mitgliedstaaten einschließlich ihrer jeweiligen verfassungsrechtlichen Vorschriften per stillschweigender Vereinbarung als genehmigt gelten. Allerdings sollte der Mitgliedstaat, in dem der vorgeschlagene Sitz des EVTZ liegen soll, der Übereinkunft förmlich zustimmen müssen. Wenngleich die Mitgliedstaaten in der Lage sein sollten, für ein Verfahren zur Genehmigung der Teilnahme eines potenziellen Mitglieds am EVTZ nationale Regelungen anzuwenden oder im Rahmen nationaler Regelungen spezifische Vorschriften zur Umsetzung der Verordnung (EG) Nr. 1082/2006 zu erlassen, sollten Ausnahmen von der Bestimmung über die stillschweigende Vereinbarung nach Ablauf der Frist von sechs Monaten jedoch – außer in den in dieser Verordnung genannten Fällen – ausgeschlossen sein.

(14) Die Gründe, aus denen ein Mitgliedstaat die Teilnahme von potenziellen Mitgliedern oder die Übereinkunft ablehnen kann, sollten festgelegt werden. Allerdings sollte nationales Recht, das die Anwendung anderer Regelungen und Verfahren als jener nach der Verordnung (EG) Nr. 1082/2006 verlangt, bei der Entscheidung über die Zustimmung nicht berücksichtigt werden.

(15) Da die Verordnung (EG) Nr. 1082/2006 nicht für Drittländer gelten kann, sollte der Mitgliedstaat, in dem der vorgeschlagene Sitz des EVTZ liegen soll, bei der Genehmigung der Teilnahme potenzieller Mitglieder aus Drittländern, die auf der Grundlage des Rechts dieser Drittländer gegründet wurden, in Konsultation mit den Mitgliedstaaten, nach deren Recht andere potenzielle Mitglieder des EVTZ gegründet wurden, sich vergewissern, dass die Drittländer Bedingungen und Verfahren angewendet haben, die den Bestimmungen der Verordnung (EG) Nr. 1082/2006 entsprechen oder im Einklang mit den internationalen bilateralen oder multilateralen Vereinbarungen gehandelt haben, die die Mitgliedstaaten des Europarats – ob sie nun Mitgliedstaaten der Union sind oder nicht – auf Grundlage des Europäischen Rahmenübereinkommens über die grenzüberschreitende Zusammenarbeit zwischen Gebietskörperschaften oder Behörden, unterzeichnet in Madrid am 21. Mai 1980, und der hierzu angenommenen Zusatzprotokolle geschlossen haben. Im Falle einer Beteiligung mehrerer Mitgliedstaaten der Union und eines oder mehrerer Drittländer sollte es ausreichend sein, dass eine solche Vereinbarung zwischen dem jeweiligen Drittland und einem teilnehmenden Mitgliedstaat der Union geschlossen wurde.

(16) Um den Beitritt neuer Mitglieder zu einem bestehenden EVTZ zu erleichtern, sollte das Verfahren zur Änderung von Übereinkünften in solchen Fällen erleichtert werden. Folglich sollten derartige Änderungen im Falle des Beitritts eines neuen Mitglieds aus einem Mitgliedstaat, der die Übereinkunft bereits genehmigt hat, nicht allen teilnehmenden Mitgliedstaaten, sondern lediglich dem Mitgliedstaat mitgeteilt werden, dessen Recht das neue potenzielle Mitglied unterliegt, sowie dem Mitgliedstaat, in dem der EVTZ seinen Sitz hat. Nachfolgende Änderungen der Übereinkunft sollten allen betroffenen Mitgliedstaaten mitgeteilt werden. Diese Vereinfachung des Änderungsverfahrens sollte jedoch nicht für ein neues potenzielles Mitglied aus einem Mitgliedstaat, der die Übereinkunft noch nicht genehmigt hat, oder aus einem Drittland oder einem ÜLG gelten, da es notwendig ist, dass alle teilnehmenden Mitgliedstaaten prüfen können, ob dieser Beitritt mit ihrem öffentlichen Interesse oder ihrer öffentlichen Ordnung vereinbar ist.

(17) Angesichts der Verbindungen zwischen Mitgliedstaaten und den ÜLG sollten die Verfahren für die Genehmigung der Teilnahme potenzieller Mitglieder aus ÜLG auch die betreffenden Mitgliedstaaten einbinden. Entsprechend dem besonderen Verhältnis zwischen dem Mitgliedstaat und dem ÜLG in Bezug auf die Ausübung der Staatsgewalt sollte der Mitgliedstaat entweder die Teilnahme des potenziellen Mitglieds aus dem ÜLG genehmigen oder aber gegenüber dem Mitgliedstaat, in dem der vorgeschlagene Sitz des EVTZ liegen soll, schriftlich bestätigen, dass die zuständigen Behörden des ÜLG die Teilnahme des potenziellen Mitglieds unter Bedingungen und nach Verfahren genehmigt haben, die denen der Verordnung (EG) Nr. 1082/2006 entsprechen. Dasselbe Verfahren sollte angewandt werden, wenn ein potenzielles Mitglied aus einem ÜLG einem bestehenden EVTZ beitreten will.

(18) Da die Satzung nicht mehr alle Bestimmungen der Übereinkunft enthalten wird, sollten Übereinkunft und Satzung registriert und/oder veröffentlicht werden. Weiterhin sollte aus Gründen der Transparenz eine Bekanntmachung zur Entscheidung über die Gründung eines EVTZ im *Amtsblatt der Europäischen Union*, Reihe C, veröffentlicht werden. Im Sinne der Einheitlichkeit sollte diese Bekanntmachung die Einzelheiten beinhalten, die im Anhang zur Verordnung (EG) Nr. 1082/2006 in der durch die vorliegende Verordnung abgeänderten Form aufgeführt sind.

(19) Der Zweck eines EVTZ sollte dahingehend erweitert werden, dass er die Erleichterung und Förderung der territorialen Zusammenarbeit im Allgemeinen einschließlich der strategischen Planung und Berücksichtigung regionaler und lokaler Belange gemäß der Kohäsionspolitik und anderen Unionspolitiken umfasst; dies bedeutet einen Beitrag zur Strategie Europa 2020 bzw. zur Umsetzung makroregionaler Strategien. Ein EVTZ sollte daher Maßnahmen durchführen können, die andere Finanzhilfen als die im Rahmen der Kohäsionspolitik der Union erhalten. Weiterhin sollte jedes Mitglied in jedem vertretenen Mitgliedstaat oder Drittland über jede für die effiziente Arbeitsweise eines EVTZ erforderliche Kompetenz verfügen

müssen, es sei denn, der Mitgliedstaat oder das Drittland genehmigt die Teilnahme eines seinem Recht unterliegenden Mitglieds, selbst wenn dieses nicht über die erforderliche Kompetenz für alle in der Übereinkunft festgelegten Aufgaben verfügt.

(20) Als Rechtsinstrumente sind ETVZ nicht dazu bestimmt, den durch den Besitzstand des Europarats geschaffenen Rahmen außer Acht zu lassen, der verschiedene Möglichkeiten und Rahmenstrukturen für eine grenzübergreifende Zusammenarbeit von regionalen und lokalen Behörden, einschließlich der neuen Europäischen Kooperationsvereinigungen (EKV) [1], bietet; ebenso wenig sollen besondere gemeinsame Vorschriften für eine einheitliche unionsweite Regelung solcher Vereinbarungen vorgegeben werden.

(21) Die spezifischen Aufgaben eines EVTZ und die Möglichkeit der Mitgliedstaaten, die Tätigkeiten einzuschränken, die die EVTZ ohne finanzielle Beteiligung der Union durchführen können, sollten den Bestimmungen für den EFRE, den Europäischen Sozialfonds und den Kohäsionsfonds für den Programmzeitraum 2014–2020 angeglichen werden.

(22) Zwar wurde in der Verordnung (EG) Nr. 1082/2006 festgelegt, dass die Aufgaben eines EVTZ unter anderem keine "Regelungsbefugnisse" betreffen, die in den einzelnen Mitgliedstaaten unterschiedliche rechtliche Auswirkungen hätten, dennoch sollte die Versammlung des EVTZ, wenn dies in der Übereinkunft ausdrücklich vorgesehen ist, und unter Beachtung des Unions- und des nationalen Rechts die Bedingungen für die Verwendung einer von dem EVTZ verwalteten Infrastruktur oder die Bedingungen für die Erbringung von Dienstleistungen von allgemeinem wirtschaftlichem Interesse einschließlich der von den Nutzern zu zahlenden Tarife und Gebühren bestimmen können.

(23) In Folge der Öffnung der EVTZ für Mitglieder aus Drittländern oder ÜLG sollte die Übereinkunft Einzelheiten zu den Vereinbarungen über deren Beteiligung festlegen.

(24) Die Übereinkunft sollte zusätzlich zum Bezug auf das allgemein anwendbare Recht, wie in Artikel 2 der Verordnung (EG) Nr. 1082/2006 vorgesehen, auch die Regelungen der Union und das nationale Recht aufführen, das auf den EVTZ anwendbar ist. Weiterhin sollte es sich bei diesem nationalen Recht um das Recht desjenigen Mitgliedstaats handeln können, in dem die Organe des EVTZ ihre Befugnisse ausüben, insbesondere im Falle von Mitarbeitern, die unter der Verantwortung des Direktors stehen und in einem anderen Mitgliedstaat tätig sind als dem, in dem der EVTZ seinen Sitz hat. Die Übereinkunft sollte außerdem die anzuwendenden Rechtsvorschriften der Union und innerstaatlichen Rechtsvorschriften, die direkten Bezug zu den Tätigkeiten des EVTZ haben, welche im Rahmen der in der Übereinkunft festgelegten Aufgaben ausgeführt werden, aufführen, was auch die Verwaltung öffentlicher Dienstleistungen von allgemeinem Interesse oder Infrastrukturen durch den EVTZ einschließt.

(25) Die vorliegende Verordnung sollte nicht die Probleme im Zusammenhang mit grenzüberschreitender Auftragsvergabe erfassen, mit denen EVTZ konfrontiert sind.

(26) Angesichts der Bedeutung der Regelungen, die auf die Mitarbeiter von EVTZ anzuwenden sind, sowie der Grundsätze für die Vereinbarungen über die Personalverwaltung und Einstellungsverfahren sollte die Übereinkunft, nicht aber die Satzung diese Regelungen und Grundsätze festlegen. Es sollte möglich sein, dass in der Übereinkunft verschiedene Optionen für die Wahl der auf die Mitarbeiter von EVTZ anzuwendenden Vorschriften festgelegt werden können. Die spezifischen Vereinbarungen zu Personalverwaltung und Einstellungsverfahren sollten in der Satzung festgehalten werden.

(27) Die Mitgliedstaaten sollten verstärkt die Möglichkeiten, die in der Verordnung (EG) Nr. 883/2004 des Europäischen Parlaments und des Rates [2] vorgesehen sind, nutzen und im Wege eines gemeinsamen Einvernehmens Ausnahmen hinsichtlich der Bestimmung des gemäß jener Verordnung anwendbaren Rechts im Interesse bestimmter Personen oder Personengruppen erlauben und die Mitarbeiter von EVTZ als derartige Personengruppe betrachten.

(28) Angesichts der Bedeutung der Vereinbarungen über die Haftung der Mitglieder sollten diese Vereinbarungen in der Übereinkunft, nicht aber in der Satzung niedergelegt werden.

(29) Für den Fall, dass das ausschließliche Ziel eines EVTZ in der Verwaltung eines Kooperationsprogramms, das über den EFRE unterstützt wird, oder eines Teils eines solchen Programms besteht oder dass ein EVTZ die interregionale Zusammenarbeit oder Netze betrifft, sollten Informationen zum Gebiet, in dem der EVTZ seine Aufgaben erfüllen kann, nicht erforderlich sein. Im ersten Fall sollte der Umfang des Gebiets im jeweiligen Kooperationsprogramm definiert und gegebenenfalls geändert werden. Im zweiten Fall sind in erster Linie immaterielle Tätigkeiten betroffen, so dass eine Informationspflicht den Beitritt neuer Mitglieder zu interregionaler Zusammenarbeit und entsprechenden Netzen gefährden würde.

(30) Die verschiedenen Vereinbarungen über die Kontrolle der Verwaltung öffentlicher Mittel einerseits und über die Prüfung der Rechnungslegung des EVTZ andererseits sollten präzisiert werden.

(31) Die EVTZ, deren Mitglieder beschränkt haften, sollten klarer von den EVTZ unterschieden werden, deren Mitglieder unbeschränkt haften. Damit EVTZ, deren Mitglieder beschränkt haften, Tätigkeiten durchführen können, die möglicherweise zu Schulden führen könnten, sollten die Mitgliedstaaten darüber hinaus die Forderung erheben dürfen, dass diese EVTZ zur Abdeckung der mit solchen Tätigkeiten einhergehenden Risiken eine geeignete Versicherung abschließen oder dass diese EVTZ Gegenstand einer angemessenen Finanzgarantie sind.

[1] Protokoll Nr. 3 des Europäischen Rahmenübereinkommens über die grenzüberschreitende Zusammenarbeit zwischen Gebietskörperschaften oder Behörden bezüglich der Bildung von Europäischen Kooperationsvereinigungen (EKV), am 16. November 2009 zur Unterzeichnung aufgelegt.

[2] Verordnung (EG) Nr. 883/2004 des Europäischen Parlaments und des Rates vom 29. April 2004 zur Koordinierung der Systeme der sozialen Sicherheit (ABl. L 166 vom 30.4.2004, S. 1).

(32) Die Mitgliedstaaten sollten der Kommission alle Bestimmungen sowie alle diesbezüglichen Änderungen übermitteln, die zur Umsetzung der Verordnung (EG) Nr. 1082/2006 angenommen wurden. Um den Informationsaustausch und die Koordinierung zwischen den Mitgliedstaaten, der Kommission und dem Ausschuss der Regionen zu verbessern, sollte die Kommission diese Bestimmungen den Mitgliedstaaten und dem Ausschuss der Regionen übermitteln. Der Ausschuss der Regionen hat eine EVTZ-Plattform eingerichtet, damit alle Interessenträger ihre Erfahrungen und bewährte Verfahren austauschen können und die Kommunikation über Möglichkeiten und Herausforderungen der EVTZ verbessert wird, indem der Erfahrungsaustausch im Zusammenhang mit der Einrichtung von EVTZ auf territorialer Ebene erleichtert und Wissen über bewährte Verfahren im Bereich der territorialen Zusammenarbeit ausgetauscht wird.

(33) Für den Bericht über die Anwendung der Verordnung (EG) Nr. 1082/2006 sollte eine neue Frist festgelegt werden. In Übereinstimmung mit den Bestrebungen der Kommission hin zu einer stärker faktengestützten Politik sollte dieser Bericht die Hauptpunkte der Bewertung behandeln, zu denen Wirksamkeit, Effizienz, Relevanz, europäischer Mehrwert, Möglichkeiten für Vereinfachungen und Nachhaltigkeit gehören. Wirksamkeit sollte so verstanden werden, dass sie sich unter anderem auf die Art der Bemühungen, Wissen über das Instrument des EVTZ weiterzugeben, innerhalb der verschiedenen Dienststellen der Kommission und zwischen der Kommission und anderen Einrichtungen wie dem Europäischen Auswärtigen Dienst bezieht. Die Kommission sollte diesen Bericht bis zum 1. August 2018 an das Europäische Parlament, den Rat und gemäß Artikel 307 Absatz 1 AEUV an den Ausschuss der Regionen weiterleiten. Dieser Bericht sollte bis zum 1. August 2018 weitergeleitet werden.

(34) Um eine Liste mit Indikatoren festzulegen, die bei der Bewertung und Vorbereitung des Berichts über die Anwendung der Verordnung (EG) Nr. 1082/2006 herangezogen werden können, sollte der Kommission die Befugnis übertragen werden, gemäß Artikel 290 AEUV Rechtsakte zu erlassen. Es ist von besonderer Bedeutung, dass die Kommission im Zuge ihrer Vorbereitungsarbeit angemessene Konsultationen, auch auf der Ebene von Sachverständigen, durchführt. Bei der Vorbereitung und Ausarbeitung delegierter Rechtsakte sollte die Kommission gewährleisten, dass die einschlägigen Dokumente dem Europäischen Parlament und dem Rat gleichzeitig, rechtzeitig und auf angemessene Weise übermittelt werden.

(35) Bestehende EVTZ sollten nicht verpflichtet sein, ihre Übereinkunft und Satzung an die durch die vorliegende Verordnung vorgenommenen Änderungen der Verordnung (EG) Nr. 1082/2006 anzupassen.

(36) Es ist notwendig, festzulegen, nach welchen Vorschriften ein EVTZ genehmigt werden sollte, für den ein Genehmigungsverfahren bereits vor dem Datum, ab dem diese Verordnung anwendbar ist, eingeleitet wurde.

(37) Damit die bestehenden nationalen Regelungen zur Umsetzung dieser Verordnung angepasst werden, bevor die Programme im Rahmen des Ziels "Europäische territoriale Zusammenarbeit" an die Kommission übermittelt werden müssen, sollte der Beginn der Anwendung dieser Verordnung sechs Monate nach ihrem Inkrafttreten liegen. Bei der Anpassung ihrer bestehenden nationalen Regelungen sollten die Mitgliedstaaten sicherstellen, dass die zuständigen Behörden, die für die Genehmigung von EVTZ verantwortlich sind, benannt werden und dass es sich bei diesen Behörden in Übereinstimmung mit ihren rechtlichen und administrativen Vorkehrungen um dieselben Einrichtungen handelt, die für die Entgegennahme der Mitteilungen nach Artikel 4 der Verordnung (EG) Nr. 1082/2006 verantwortlich sind.

(38) Da das Ziel dieser Verordnung, nämlich die Verbesserung des Rechtsinstruments des EVTZ, auf Ebene der Mitgliedstaaten nicht ausreichend verwirklicht werden kann, sondern vielmehr besser auf Ebene der Union zu verwirklichen ist, kann die Union im Einklang mit dem in Artikel 5 des Vertrags über die Europäische Union niedergelegten Subsidiaritätsprinzip tätig werden. Gemäß dem in demselben Artikel genannten Grundsatz der Verhältnismäßigkeit geht diese Verordnung nicht über das zur Verwirklichung dieses Ziels erforderliche Maß hinaus, da die Errichtung eines EVTZ fakultativ ist und im Einklang mit der Verfassungsordnung der einzelnen Mitgliedstaaten erfolgt.

(39) Die Verordnung (EG) Nr. 1082/2006 sollte daher entsprechend geändert werden —

HABEN FOLGENDE VERORDNUNG ERLASSEN:

Artikel 1

Änderung der Verordnung (EG) Nr. 1082/2006

Die Verordnung (EG) Nr. 1082/2006 wird wie folgt geändert:

1. Artikel 1 wird wie folgt geändert:

   a) Absätze 1 und 2 erhalten folgende Fassung:

   "(1) Ein Europäischer Verbund für territoriale Zusammenarbeit (im Folgenden "EVTZ") kann auf dem Gebiet der Union unter den Bedingungen und gemäß den Vorschriften dieser Verordnung gegründet werden.

   (2) Der EVTZ hat zum Ziel, insbesondere die territoriale Zusammenarbeit, einschließlich einer oder mehrerer der grenzübergreifenden, transnationalen und interregionalen Ausrichtungen der Zusammenarbeit, zwischen seinen Mitgliedern nach Artikel 3 Absatz 1 zu erleichtern und zu fördern, wobei sein Zweck darin besteht, den wirtschaftlichen, sozialen und territorialen Zusammenhalt der Union zu stärken."

   b) Folgender Absatz wird angefügt:

   "(5) Der Sitz eines EVTZ befindet sich in einem Mitgliedstaat, dessen Recht mindestens eines der Mitglieder unterliegt."

2. Artikel 2 wird wie folgt geändert:

a) Absatz 1 erhält folgende Fassung:

"(1) Die Handlungen der Organe eines EVTZ unterliegen

a) dieser Verordnung;

b) der in Artikel 8 genannten Übereinkunft, sofern die vorliegende Verordnung dies ausdrücklich zulässt, sowie

c) in Bezug auf von dieser Verordnung nicht oder nur teilweise erfasste Bereiche den nationalen Rechtsvorschriften des Mitgliedstaats, in dem der EVTZ seinen Sitz hat.

Ist es nach dem Unionsrecht oder dem internationalen Privatrecht erforderlich festzulegen, welches Recht auf den EVTZ Anwendung findet, so wird der EVTZ als Körperschaft des Mitgliedstaats behandelt, in dem er seinen Sitz hat."

b) Folgender Absatz wird eingefügt:

"(1a) Die Tätigkeiten eines EVTZ im Zusammenhang mit der Wahrnehmung von Aufgaben nach Artikel 7 Absätze 2 und 3 innerhalb der Union unterliegen dem anwendbaren Unionsrecht und dem in der Übereinkunft nach Artikel 8 bestimmten nationalen Recht.

Die Tätigkeiten eines EVTZ, die aus dem Unionshaushalt kofinanziert werden, müssen mit dem geltenden Unionsrecht und den nationalen Vorschriften über die Anwendung jenes Unionsrechts vereinbar sein."

3. Artikel 3 wird wie folgt geändert:

a) Absatz 1 Unterabsatz 1 erhält folgende Fassung:

"(1) Folgende Körperschaften können Mitglieder eines EVTZ werden:

a) Mitgliedstaaten oder Gebietskörperschaften auf nationaler Ebene;

b) regionale Gebietskörperschaften;

c) lokale Gebietskörperschaften;

d) öffentliche Unternehmen im Sinne von Artikel 2 Absatz 1 Buchstabe b der Richtlinie 2004/17/EG des Europäischen Parlaments und des Rates (*) oder Einrichtungen des öffentlichen Rechts im Sinne von Artikel 1 Absatz 9 Unterabsatz 2 der Richtlinie 2004/18/EG des Europäischen Parlaments und des Rates (**);

e) Unternehmen, die unter Beachtung des geltenden Unionsrechts und nationalen Rechts mit der Erbringung von Dienstleistungen von allgemeinem wirtschaftlichem Interesse betraut sind;

f) nationale, regionale oder lokale Gebietskörperschaften oder Einrichtungen oder öffentliche Unternehmen aus Drittländern, die mit denen unter Buchstabe d genannten vergleichbar sind und die die Bedingungen nach Artikel 3a erfüllen.

(*) Richtlinie 2004/17/EG des Europäischen Parlaments und des Rates vom 31. März 2004 zur Koordinierung der Zuschlagserteilung durch Auftraggeber im Bereich der Wasser-, Energie- und Verkehrsversorgung sowie der Postdienste (ABl. L 134 vom 30.4.2004, S. 1).

(**) Richtlinie 2004/18/EG des Europäischen Parlaments und des Rates vom 31. März 2004 über die Koordinierung der Verfahren zur Vergabe öffentlicher Bauaufträge, Lieferaufträge und Dienstleistungsaufträge (ABl. L 134 vom 30.4.2004, S. 114)."

b) Absatz 2 erhält folgende Fassung:

"(2) Der EVTZ besteht aus Mitgliedern aus dem Hoheitsgebiet von mindestens zwei Mitgliedstaaten vorbehaltlich des Artikels 3a Absätze 2 und 5."

4. Folgender Artikel wird eingefügt:

"*Artikel 3a*

Beitritt von Mitgliedern aus Drittländern oder überseeischen Ländern und Gebieten (ÜLG)

(1) Gemäß Artikel 4 Absatz 3a kann ein EVTZ aus Mitgliedern aus dem Hoheitsgebiet von mindestens zwei Mitgliedstaaten und aus einem oder mehreren an mindestens einen dieser Mitgliedstaaten – einschließlich seiner Gebiete in äußerster Randlage –angrenzenden Drittländern bestehen, wenn diese Mitgliedstaaten und Drittländer gemeinsam Maßnahmen der territorialen Zusammenarbeit oder von der Union unterstützte Programme durchführen.

Für die Zwecke dieser Verordnung gelten Drittländer oder ÜLG als an einen Mitgliedstaat – einschließlich seiner Gebiete in äußerster Randlage – angrenzend, wenn das Drittland oder das ÜLG und dieser Mitgliedstaat eine gemeinsame Landgrenze aufweisen oder wenn sowohl das Drittland oder ÜLG und der Mitgliedstaat für ein gemeinsames Programm für die grenzübergreifende oder transnationale maritime Zusammenarbeit im Rahmen des Ziels "Europäische territorialen Zusammenarbeit" oder für ein anderes grenzübergreifendes Kooperationsprogramm für Seeverbindungen oder ein Meeresbeckenkooperationsprogramm, auch wenn sie durch internationale Gewässer getrennt sind, in Betracht kommen.

(2) Ein EVTZ kann aus Mitgliedern aus dem Hoheitsgebiet nur eines Mitgliedstaats und aus einem oder mehreren an diesen Mitgliedstaat – einschließlich seiner Gebiete in äußerster Randlage – angrenzenden Drittländern bestehen, wenn der betroffene Mitgliedstaat der Auffassung ist, dass der EVTZ den Zielen seiner territorialen Zusammenarbeit im Rahmen der grenzübergreifenden oder transnationalen Zusammenarbeit oder seiner bilateralen Beziehungen mit den betreffenden Drittländern entspricht.

(3) Für die Zwecke der Absätze 1 und 2 gelten auch über Seegrenzen verbundene Länder als an einen Mitgliedstaat – einschließlich seiner Gebiete in äußerster Randlage – angrenzende Drittländer.

(4) Unter Beachtung von Artikel 4a und vorbehaltlich der in Absatz 1 dieses Artikels genannten Bedingungen kann ein EVTZ auch aus Mitgliedern aus dem Hoheitsgebiet eines oder mehrerer Mitgliedstaaten – einschließlich ihrer Gebiete in äußerster Randlage – und aus einem oder mehreren ÜLG bestehen, wobei ihm Mitglieder aus einem oder mehreren Drittländern angehören können, aber nicht müssen.

(5) Unter Beachtung von Artikel 4a und vorbehaltlich der in Absatz 2 genannten Bedingungen kann ein EVTZ auch aus Mitgliedern aus dem Hoheitsgebiet nur eines Mitgliedstaats – einschließlich seiner Gebiete in äußerster Randlage – und aus einem oder mehreren ÜLG bestehen, wobei ihm Mitglieder aus einem oder mehreren Drittländern angehören können, aber nicht müssen.

(6) Ein EVTZ darf nicht nur aus Mitgliedern aus einem Mitgliedstaat und einem oder mehreren zu diesem Mitgliedstaat gehörenden ÜLG gebildet werden."

5. Artikel 4 wird wie folgt geändert:

a) Absatz 3 erhält folgende Fassung:

"(3) Nach der gemäß Absatz 2 abgegebenen Mitteilung eines potenziellen Mitglieds genehmigt der Mitgliedstaat, bei dem diese Mitteilung eingegangen ist, entsprechend seiner verfassungsmäßigen Struktur die Teilnahme des potenziellen Mitglieds an dem EVTZ sowie die Übereinkunft, es sei denn, dieser Mitgliedstaat ist der Ansicht

a) die Teilnahme oder die Übereinkunft stehen im Widerspruch zu

i) dieser Verordnung,

ii) sonstigen Unionsrechtsvorschriften für die Handlungen und Tätigkeiten des EVTZ,

iii) nationalen Rechtsvorschriften in Bezug auf die Befugnisse und Kompetenzen des potenziellen Mitglieds;

b) die Teilnahme ist aus Gründen des öffentlichen Interesses oder der öffentlichen Ordnung dieses Mitgliedstaats nicht gerechtfertigt; oder

c) die Satzung ist nicht mit der Übereinkunft vereinbar.

Im Fall der Nichtgenehmigung gibt der Mitgliedstaat die Gründe für die Verweigerung der Genehmigung an und schlägt gegebenenfalls erforderliche Änderungen an der Übereinkunft vor.

Der Mitgliedstaat entscheidet hinsichtlich der Genehmigung innerhalb eines Zeitraums von sechs Monaten ab dem Tag des Eingangs einer Mitteilung gemäß Absatz 2. Erhebt der Mitgliedstaat, bei dem die Mitteilung eingegangen ist, innerhalb dieses Zeitraums keine Einwände, so gelten die Teilnahme des potentiellen Mitglieds und die Übereinkunft als angenommen. Allerdings muss der Mitgliedstaat, in dem sich der vorgeschlagene Sitz des EVTZ befinden soll, die Übereinkunft förmlich genehmigen, damit der EVTZ gegründet werden kann.

Fordert der Mitgliedstaat zusätzliche Informationen von dem potentiellen Mitglied an, so wird die Frist gemäß Unterabsatz 3 unterbrochen. Der Zeitraum der Unterbrechung beginnt an dem Tag, der auf den Tag folgt, an dem der Mitgliedstaat dem potenziellen Mitglied seine Anmerkungen übermittelt hat, und dauert so lange, bis das potenzielle Mitglied darauf reagiert hat.

Eine Unterbrechung der Frist gemäß Unterabsatz 3 tritt jedoch nicht ein, wenn das potenzielle Mitglied innerhalb von zehn Arbeitstagen nach Beginn des Zeitraums der Unterbrechung eine Antwort auf die Anmerkungen des Mitgliedstaats übermittelt hat.

Die Mitgliedstaaten können bei der Entscheidung über die Teilnahme eines potenziellen Mitglieds an einem EVTZ ihre nationalen Regelungen anwenden."

b) Folgender Absatz wird eingefügt:

"(3a) Im Falle eines EVTZ mit potenziellen Mitgliedern aus einem oder mehreren Drittländern vergewissert sich der Mitgliedstaat, in dem der vorgeschlagene Sitz des EVTZ sein soll, in Absprache mit den anderen betroffenen Mitgliedstaaten, dass die Bedingungen gemäß Artikel 3a erfüllt sind und dass das jedes Drittland die Teilnahme des potenziellen Mitglieds genehmigt und dabei Folgendes zugrunde gelegt hat:

a) Bedingungen und Verfahren, die denen der vorliegenden Verordnung entsprechen, oder

b) eine Vereinbarung, die zwischen mindestens einem Mitgliedstaat, dessen Rechtsvorschriften ein potenzielles Mitglied unterliegt, und diesem Drittstaat getroffen wurde."

c) Die Absätze 5 und 6 erhalten folgende Fassung:

"(5) Die Mitglieder vereinbaren die in Artikel 8 genannte Übereinkunft und achten dabei darauf, dass diese mit der Genehmigung nach Absatz 3 des vorliegenden Artikels in Einklang steht.

(6) Der EVTZ übermittelt jede Änderung der Übereinkunft oder der Satzung den Mitgliedstaaten, deren Recht die Mitglieder des EVTZ unterliegen. Jede Änderung der Übereinkunft, ausgenommen beim Beitritt

eines neuen Mitglieds nach Absatz 6a Buchstabe a, erfordert die Zustimmung dieser Mitgliedstaaten gemäß dem Verfahren dieses Artikels."

d) Folgender Absatz wird angefügt:

"(6a) Die folgenden Bestimmungen gelten beim Beitritt neuer Mitglieder zu einem bereits bestehenden EVTZ:

a) Beim Beitritt eines neuen Mitglieds aus einem Mitgliedstaat, der die Übereinkunft bereits genehmigt hat, muss dieser Beitritt nur von dem Mitgliedstaat, dessen Recht das neue Mitglied unterliegt, nach dem in Absatz 3 festgelegten Verfahren genehmigt und dem Mitgliedstaat, in dem der EVTZ seinen Sitz hat, mitgeteilt werden.

b) Beim Beitritt eines neuen Mitglieds aus einem Mitgliedstaat, der die Übereinkunft noch nicht genehmigt hat, ist das in Absatz 6 festgelegte Verfahren anzuwenden.

c) Der Beitritt eines neuen Mitglieds aus einem Drittland zu einem bestehenden EVTZ muss zuvor von dem Mitgliedstaat, in dem der EVTZ seinen Sitz hat, nach dem in Absatz 3a festgelegten Verfahren geprüft werden."

6. Folgender Artikel wird eingefügt:

"*Artikel 4a*

Teilnahme von Mitgliedern aus ÜLG

Im Falle eines EVTZ mit einem potenziellen Mitglied aus einem ÜLG vergewissert sich der Mitgliedstaat, zu dem das ÜLG gehört, dass die Bedingungen des Artikels 3a erfüllt sind, und geht anschließend unter Berücksichtigung seiner Beziehungen zu dem ÜLG wie folgt vor:

a) Er genehmigt die Teilnahme des potenziellen Mitglieds gemäß Artikel 4 Absatz 3, oder

b) er bestätigt dem Mitgliedstaat, in dem der vorgeschlagene Sitz des EVTZ sein soll, schriftlich, dass die zuständigen Behörden des ÜLG die Teilnahme des potenziellen Mitglieds unter Bedingungen und nach Verfahren genehmigt haben, die denen der vorliegenden Verordnung entsprechen."

7. Artikel 5 erhält folgende Fassung:

"*Artikel 5*

Erwerb der Rechtspersönlichkeit und Veröffentlichung im Amtsblatt

(1) Die Übereinkunft und die Satzung sowie jede spätere Änderung wird in dem Mitgliedstaat, in dem der betreffende EVTZ seinen Sitz hat, gemäß den maßgeblichen nationalen Rechtsvorschriften dieses Mitgliedstaats registriert und/oder veröffentlicht. Der EVTZ erwirbt Rechtspersönlichkeit am Tag der Registrierung oder Veröffentlichung der Übereinkunft und der Satzung, je nachdem, was zuerst eintritt. Die Mitglieder unterrichten die betroffenen Mitgliedstaaten und den Ausschuss der Regionen über die Registrierung oder die Veröffentlichung der Übereinkunft und der Satzung.

(2) Der EVTZ stellt sicher, dass beim Ausschuss der Regionen innerhalb von zehn Werktagen ab der Registrierung oder der Veröffentlichung der Übereinkunft und der Satzung ein Antrag nach dem Muster im Anhang zu dieser Verordnung eingeht. Anschließend übermittelt der Ausschuss der Regionen diesen Antrag an das Amt für Veröffentlichungen der Europäischen Union mit der Bitte um Veröffentlichung einer Bekanntmachung über die Gründung des EVTZ im *Amtsblatt der Europäischen Union*, Reihe C, unter Angabe der im Anhang zu dieser Verordnung aufgeführten Details."

8. Artikel 6 Absatz 4 erhält folgende Fassung:

"(4) Ungeachtet der Absätze 1, 2 und 3 finden die einschlägigen Rechtsvorschriften über die Kontrolle der von der Union bereitgestellten Fonds Anwendung, sofern die Aufgaben eines EVTZ gemäß Artikel 7 Absatz 3 Maßnahmen umfassen, die von der Union kofinanziert werden."

9. Artikel 7 wird wie folgt geändert:

a) Die Absätze 2 und 3 erhalten folgende Fassung:

"(2) Der EVTZ handelt innerhalb der Grenzen der ihm übertragenen Aufgaben, nämlich der Erleichterung und Förderung der territorialen Zusammenarbeit zur Stärkung des wirtschaftlichen, sozialen und territorialen Zusammenhalts der Union, sowie der Überwindung von Hindernissen auf dem Binnenmarkt. Jede Aufgabe wird von seinen Mitgliedern in der Weise festgelegt, dass sie in den Zuständigkeitsbereich jedes Mitglieds fallen, es sei denn, der Mitgliedstaat oder das Drittland genehmigt die Teilnahme eines seinem Recht unterliegenden Mitglieds, selbst wenn dieses nicht über die erforderliche Kompetenz für alle in der Übereinkunft festgelegten Aufgaben verfügt.

(3) Der EVTZ kann sonstige spezifische Maßnahmen territorialer Zusammenarbeit zwischen seinen Mitgliedern im Rahmen des in Artikel 1 Absatz 2 genannten Ziels mit oder ohne finanzielle Unterstützung der Union durchführen.

In erster Linie können die Aufgaben des EVTZ die Umsetzung von Kooperationsprogrammen oder Teilen davon bzw. die Umsetzung von Projekten umfassen, die durch die Union über den Europäischen Fonds für regionale Entwicklung, den Europäischen Sozialfonds und/oder den Kohäsionsfonds unterstützt werden.

Die Mitgliedstaaten können die Aufgaben, die die EVTZ ohne finanzielle Unterstützung der Union ausführen können, einschränken. Unbeschadet des Artikels 13 dürfen die Mitgliedstaaten jedoch nicht Aufgaben ausschließen, die von den in Artikel 7 der Verordnung (EU) Nr. 1299/2013 des Europäischen Parlaments und des Rates (*) genannten Investitionsschwerpunkten abgedeckt werden.

(*) Verordnung (EU) Nr. 1299/2013 des Europäischen Parlaments und des Rates vom 17. December 2013 mit besonderen Bestimmungen zur Unterstützung des Ziels 'Europäische territoriale Zusammenarbeit' aus dem Europäischen Fonds für regionale Entwicklung (ABl. L 347 vom 20.12.2013, S. 259)."

b) In Absatz 4 wird folgender Unterabsatz angefügt:

"Die in Artikel 10 Absatz 1 Buchstabe a genannte Versammlung des EVTZ kann jedoch unter Einhaltung des geltenden Unions- und nationalen Rechts die Bedingungen für die Verwendung einer von dem EVTZ verwalteten Infrastruktur oder die Bedingungen, zu denen Dienstleistungen von allgemeinem wirtschaftlichem Interesse erbracht werden, bestimmen, einschließlich der von den Nutzern zu zahlenden Tarife und Gebühren."

10. Artikel 8 Absatz 2 erhält folgende Fassung:

"(2) In der Übereinkunft wird Folgendes bestimmt:

a) die Bezeichnung des EVTZ und sein Sitz,

b) der Umfang des Gebiets, in dem der EVTZ seine Aufgaben durchführen darf,

c) das Ziel und die Aufgaben des EVTZ,

d) die Dauer des EVTZ und die für seine Auflösung geltenden Bedingungen,

e) die Liste der Mitglieder des EVTZ,

f) die Liste der Organe des EVTZ und ihre jeweiligen Kompetenzen,

g) die Rechtsvorschriften der Union und des Mitgliedstaats, in dem der EVTZ seinen Sitz hat, die für die Zwecke der Auslegung und Durchsetzung der Übereinkunft anzuwenden sind,

h) die anzuwendenden Rechtsvorschriften der Union und des Mitgliedstaats, in dem die Organe des EVTZ tätig sind,

i) die Vereinbarungen über die Beteiligung von Mitgliedern aus Drittländern oder ÜLG, soweit zutreffend, einschließlich Angabe darüber, welchen Rechtsvorschriften der EVTZ bei der Ausführung von Aufgaben in Drittländern oder ÜLG unterliegt,

j) die anzuwendenden Rechtsvorschriften der Union und die anzuwendenden nationalen Rechtsvorschriften, die direkten Bezug zu den Tätigkeiten des EVTZ haben, welche im Rahmen der in der Übereinkunft festgelegten Aufgaben ausgeführt werden,

k) die auf die Mitarbeiter des EVTZ anzuwendenden Regelungen sowie die Grundsätze für die Vereinbarungen über die Personalverwaltung und Einstellungsverfahren,

l) die Vereinbarungen über die Haftung des EVTZ und seiner Mitglieder gemäß Artikel 12,

m) die erforderlichen Vereinbarungen über die gegenseitige Anerkennung, einschließlich im Hinblick auf die Finanzkontrolle der Verwaltung öffentlicher Mittel, und

n) die Verfahren für die Annahme der Satzung und für die Änderung der Übereinkunft unter Einhaltung der Verpflichtungen nach den Artikeln 4 und 5.

(3) Beschränken sich die Aufgaben eines EVTZ darauf, dass er ein Kooperationsprogramm oder Teile davon gemäß der Verordnung (EU) Nr. 1299/2013 verwaltet, oder betrifft ein EVTZ die interregionale Zusammenarbeit bzw. entsprechende Netze, so sind die unter Absatz 2 Buchstabe b genannten Angaben nicht erforderlich."

11. Artikel 9 erhält folgende Fassung:

"*Artikel 9*

Satzung

(1) Die Satzung des EVTZ wird von den Mitgliedern auf der Grundlage und im Einklang mit seiner Übereinkunft einstimmig angenommen.

(2) Die Satzung des EVTZ legt mindestens Folgendes fest:

a) die Bestimmungen zur Arbeitsweise seiner Organe und die Kompetenzen dieser Organe sowie die Anzahl der Vertreter der Mitglieder in den betreffenden Organen,

b) seine Entscheidungsverfahren;

c) seine Arbeitssprache(n),

d) die Vereinbarungen über seine Arbeitsweise,

e) seine Verfahren für die Personalverwaltung und für Einstellungen,

f) die Vereinbarungen über die Finanzbeiträge seiner Mitglieder,

g) die anwendbaren Buchhaltungs- und Haushaltsregeln für seine Mitglieder,

h) die Benennung des unabhängigen externen Rechnungsprüfers in Bezug auf seine Rechnungslegung, und

i) die Verfahren zur Änderung seiner Satzung unter Einhaltung der Verpflichtungen nach den Artikeln 4 und 5."

12. Artikel 11 Absatz 2 erhält folgende Fassung:

"(2) Die Erstellung des Jahresabschlusses, erforderlichenfalls einschließlich des dazugehörigen Jahresberichts, sowie die Prüfung und die Offenlegung dieses Jahresabschlusses erfolgen nach den nationalen Rechtsvorschriften des Mitgliedstaates, in dem der EVTZ seinen Sitz hat."

13. Artikel 12 wird wie folgt geändert:

a) In Absatz 1 wird folgender Unterabsatz angefügt:

"Der EVTZ haftet für seine gesamten Schulden."

b) Absatz 2 erhält folgende Fassung:

"(2) Reichen unbeschadet des Absatzes 3 die Aktiva eines EVTZ nicht aus, um seine Verbindlichkeiten zu decken, so haften seine Mitglieder für seine Schulden, unabhängig von der Art dieser Schulden; der Anteil eines jeden Mitglieds wird entsprechend seinem Beitrag festgelegt. Die Bestimmungen über diese Finanzbeiträge werden in der Satzung festgelegt.

Die Mitglieder des EVTZ können in der Satzung vorsehen, dass sie nach der Beendigung ihrer Mitgliedschaft in dem EVTZ für Verpflichtungen haften, die sich aus Tätigkeiten des EVTZ während ihrer Mitgliedschaft ergeben.

(2a) Ist die Haftung mindestens eines EVTZ-Mitglieds aus einem Mitgliedstaat nach Maßgabe des nationalen Rechts, dem dieses Mitglied unterliegt, beschränkt, so können die anderen Mitglieder ihre Haftung ebenfalls in der Übereinkunft beschränken, sofern dies nach den nationalen Vorschriften zur Durchführung dieser Verordnung gestattet ist.

In die Bezeichnung eines EVTZ, dessen Mitglieder beschränkt haften, wird der Zusatz "mit beschränkter Haftung" aufgenommen.

Die Veröffentlichungsanforderungen in Bezug auf die Übereinkunft, die Satzung und die Rechnungslegung eines EVTZ, dessen Mitglieder beschränkt haften, müssen mindestens den Anforderungen entsprechen, die für andere juristische Personen mit beschränkter Haftung nach dem Recht des Mitgliedstaats vorgeschrieben sind, in dem der EVTZ seinen Sitz hat.

Im Falle eines EVTZ, dessen Mitglieder beschränkt haften, kann jeder betroffene Mitgliedstaat verlangen, dass der EVTZ zur Abdeckung der mit seinen Tätigkeiten einhergehenden Risiken eine geeignete Versicherung abschließt oder Gegenstand einer Garantie ist, die von einer Bank oder einer anderen, in einem Mitgliedstaat niedergelassenen Finanzeinrichtung gewährleistet wird, oder er durch ein Instrument gedeckt ist, das von einer öffentlichen Einrichtung oder einem Mitgliedstaat als Garantie bereitgestellt wird."

14. Artikel 15 Absatz 2 Unterabsatz 1 erhält folgende Fassung:

"(2) Ist in dieser Verordnung nichts anderes vorgesehen, so gelten für Streitigkeiten, an denen ein EVTZ beteiligt ist, die Rechtsvorschriften der Union über die gerichtliche Zuständigkeit. In allen Fällen, die nicht in solchen Rechtsvorschriften der Union vorgesehen sind, liegt die Zuständigkeit für die Beilegung von Streitigkeiten bei den Gerichten des Mitgliedstaats, in dem der EVTZ seinen Sitz hat."

15. Artikel 16 wird wie folgt geändert:

a) Absatz 1 erhält folgende Fassung:

"(1) Die Mitgliedstaaten erlassen Vorschriften zur Sicherstellung der wirksamen Anwendung dieser Verordnung, einschließlich hinsichtlich der Bestimmung der zuständigen Behörden, die in Übereinstimmung mit ihren rechtlichen und administrativen Vereinbarungen für das Genehmigungsverfahren verantwortlich sind.

Soweit nach den nationalen Rechtsvorschriften eines Mitgliedstaats erforderlich, kann dieser Mitgliedstaat eine erschöpfende Liste der Aufgaben erstellen, die die Mitglieder eines nach seinem Recht gegründeten EVTZ im Sinne des Artikels 3 Absatz 1 bereits haben, was die territoriale Zusammenarbeit in diesem Mitgliedstaat anbelangt.

Der Mitgliedstaat übermittelt der Kommission alle Bestimmungen, die er nach Maßgabe dieses Artikels erlassen hat, sowie die entsprechenden Änderungen. Die Kommission leitet diese Bestimmungen an die anderen Mitgliedstaaten und den Ausschuss der Regionen weiter."

b) Folgender Absatz wird eingefügt:

"(1a) Sofern die in Absatz 1 genannten Bestimmungen einen Mitgliedstaat betreffen, zu dem ein ÜLG gehört, stellen sie in Anbetracht der Beziehungen des Mitgliedstaats zu diesem ÜLG auch die wirksame Anwendung dieser Verordnung im Hinblick auf dieses ÜLG, das an andere Mitgliedstaaten oder deren Gebiete in äußerster Randlage angrenzt, sicher."

16. Artikel 17 erhält folgende Fassung:

"*Artikel 17*

Bericht

Bis zum 1. August 2018 legt die Kommission dem Europäischen Parlament, dem Rat und dem Ausschuss der Regionen einen Bericht über die Anwendung dieser Verordnung vor, in dem sie auf Grundlage von Indikatoren die Wirksamkeit, Effizienz, Relevanz, den europäischen Mehrwert und die Möglichkeit einer Vereinfachung evaluiert.

Der Kommission wird die Befugnis übertragen, gemäß Artikel 17a delegierte Rechtsakte zur Festlegung der in Absatz 1 genannten Liste mit Indikatoren zu erlassen."

17. Folgender Artikel wird eingefügt:

"*Artikel 17a*

Ausübung der Befugnisübertragung

(1) Die Befugnis zum Erlass delegierter Rechtsakte wird der Kommission unter den in diesem Artikel festgelegten Bedingungen übertragen.

(2) Die Befugnis zum Erlass delegierter Rechtsakte gemäß Artikel 17 Absatz 2 wird der Kommission für einen Zeitraum von fünf Jahren ab dem 21. December 2013 übertragen.

(3) Die Befugnisübertragung gemäß Artikel 17 Absatz 2 kann vom Europäischen Parlament oder vom Rat jederzeit widerrufen werden.

Der Beschluss über den Widerruf beendet die Übertragung der in diesem Beschluss angegebenen Befugnis. Er wird am Tag nach seiner Veröffentlichung im *Amtsblatt der Europäischen Union* oder zu einem im Beschluss über den Widerruf angegebenen späteren Zeitpunkt wirksam. Die Gültigkeit von delegierten Rechtsakten, die bereits in Kraft sind, wird von dem Beschluss über den Widerruf nicht berührt.

(4) Sobald die Kommission einen delegierten Rechtsakt erlässt, übermittelt sie ihn gleichzeitig dem Europäischen Parlament und dem Rat.

(5) Ein delegierter Rechtsakt, der gemäß Artikel 17 Absatz 2 erlassen wurde, tritt nur in Kraft, wenn weder das Europäische Parlament noch der Rat innerhalb von drei Monaten nach Übermittlung dieses Rechtsakts an das Europäische Parlament und den Rat Einwände erhoben haben oder wenn vor Ablauf dieser Frist das Europäische Parlament und der Rat beide der Kommission mitgeteilt haben, dass sie keine Einwände erheben werden. Auf Initiative des Europäischen Parlaments oder des Rates wird diese Frist um drei Monate verlängert."

Artikel 2

Übergangsbestimmungen

(1) Die EVTZ, die vor dem 21. December 2013 gegründet wurden, sind nicht dazu verpflichtet, ihre Übereinkunft und ihre Satzung entsprechend den Bestimmungen der durch diese Verordnung geänderten Verordnung (EG) Nr. 1082/2006 anzupassen.

(2) Im Falle von EVTZ, für die das Verfahren nach Artikel 4 der Verordnung (EG) Nr. 1082/2006 vor dem 22. Juni 2014 begonnen wurde und für die nur die Registrierung oder Veröffentlichung gemäß Artikel 5 der Verordnung (EG) Nr. 1082/2006 aussteht, sind die Übereinkunft und die Satzung entsprechend den Bestimmungen der Verordnung (EG) Nr. 1082/2006 vor ihrer Änderung durch diese Verordnung zu registrieren und/oder zu veröffentlichen.

(3) Die EVTZ, für die ein Verfahren nach Artikel 4 der Verordnung (EG) Nr. 1082/2006 mehr als sechs Monate vor dem 22. Juni 2014 begonnen wurde, sind entsprechend den Bestimmungen der Verordnung (EG) Nr. 1082/2006 vor ihrer Änderung durch diese Verordnung zu genehmigen.

(4) Andere EVTZ als die unter den Absätzen 2 und 3 genannten, für die ein Verfahren nach Artikel 4 der Verordnung (EG) Nr. 1082/2006 vor dem 22. Juni 2014 begonnen wurde, sind entsprechend den Bestimmungen der durch diese Verordnung geänderten Verordnung (EG) Nr. 1082/2006 zu genehmigen.

(5) Die Mitgliedstaaten übermitteln der Kommission die erforderlichen Änderungen der nationalen Bestimmungen, die gemäß Artikel 16 Absatz 1 der Verordnung (EG) Nr. 1082/2006 in der durch die vorliegende Verordnung geänderten Fassung angenommen wurden, spätestens am 22. Juni 2014.

Artikel 3

Inkrafttreten

Diese Verordnung tritt am Tag nach ihrer Veröffentlichung im *Amtsblatt der Europäischen Union* in Kraft.

Sie gilt ab dem 22 Juni 2014.

Diese Verordnung ist in allen ihren Teilen verbindlich und gilt unmittelbar in jedem Mitgliedstaat.

Geschehen zu Brüssel den 17. Dezember 2013.

Im Namen des Europäischen Parlaments
Der Präsident
M. SCHULZ

Im Namen des Rates
Der Präsident
R. ŠADŽIUS

ANHANG

Muster für zu übermittelnde Informationen nach Artikel 5 Absatz 2

GRÜNDUNG EINES EUROPÄISCHEN VERBUNDS FÜR TERRITORIALE ZUSAMMENARBEIT (EVTZ)

In die Bezeichnung eines EVTZ, dessen Mitglieder beschränkt haften, wird der Zusatz „mit beschränkter Haftung“ aufgenommen (Artikel 12 Absatz 2a).

Das Sternchen kennzeichnet ein Pflichtfeld.*

I.1) **BEZEICHNUNG, ANSCHRIFT UND KONTAKTANGABEN**

Eingetragene Bezeichnung*:		
Sitz*:		
Stadt*:	Postleitzahl:	Land*:
Kontaktstelle(n): Zu Händen von:	Telefon:	
E-Mail-Adresse:	Telefax:	
Internet-Adresse(n) *(falls zutreffend):*		

I.2) **DAUER DES VERBUNDS*:**

Dauer des Verbunds:

☐ unbeschränkt

☐ bis: ☐☐/☐☐/☐☐☐☐ *(TT/MM/JJJJ)*

Tag der Registrierung/Veröffentlichung : ☐☐/☐☐/☐☐☐☐ *(TT/MM/JJJJ)*

II. **ZIELE***

____

NUTS-Code ☐☐☐☐☐ NUTS-Code ☐☐☐☐☐

NUTS-Code ☐☐☐☐☐ NUTS-Code ☐☐☐☐☐

III. **ZUSÄTZLICHE ANGABEN ZUR BEZEICHNUNG DES VERBUNDS** *(falls zutreffend)*

Bezeichnung in *(entsprechendes Sprachkürzel angeben)*

BG	ES	CS	DA	DE	ET	EL	EN	FR	GA	HR	IT	LV
☐	☐	☐	☐	☐	☐	☐	☐	☐	☐	☐	☐	☐
LT	HU	MT	NL	PL	PT	RO	SK	SL	FI	SV	Andere: ___	
☐	☐	☐	☐	☐	☐	☐	☐	☐	☐	☐	☐	☐

Vollständige Bezeichnung *(falls zutreffend)*: ____________________

Bezeichnung in abgekürzter Form *(falls zutreffend)*: ____________________

-------------------- *Abschnitt III kann so oft wie nötig ausgefüllt werden* --------------------

IV. **MITGLIEDER***

IV. 1) **Gesamtzahl der Verbundsmitglieder***: ☐☐☐

IV. 2) **Angaben zu den Mitgliedern***		
Offizielle Bezeichnung*:		
Postanschrift:		
Stadt:	Postleitzahl:	Land*:
Kontaktstelle(n): Zu Händen von:	Telefon:	
E-Mail-Adresse:	Telefax:	
Internet-Adresse(n) *(falls zutreffend)*:		

Art des Mitglieds*:

☐ Mitgliedstaat

☐ Einzelstaatliche Behörde

☐ Regionale Behörde

☐ Lokale Behörde

☐ Einrichtung des öffentlichen Rechts

☐ Öffentliches Unternehmen

☐ Vereinigung von:

- Mitgliedstaat(en) insgesamt:* ☐☐
- Einzelstaatliche(n) Behörde(n): insgesamt:* ☐☐
- Regionale(n) Behörde(n) insgesamt:* ☐☐☐☐
- Lokale(n) Behörde(n) insgesamt:* ☐☐☐☐
- Einrichtung(en) des öffentlichen Rechts insgesamt:* ☐☐☐☐
- Öffentliche(s) Unternehmen insgesamt:* ☐☐

☐ Drittland oder überseeisches Land oder Gebiet

------------------------ *Abschnitt IV.2 kann so oft wie nötig ausgefüllt werden* ------------------------

V. **ZUSÄTZLICHE ANGABEN** *(falls zutreffend)*

VI. **DATUM DER ABSENDUNG DIESER BEKANNTMACHUNG: ☐☐/☐☐/☐☐☐☐ (TT/MM/JJJJ)**

Gemeinsame Erklärung des Europäischen Parlaments, des Rates und der Kommission zu Sensibilisierungsmaßnahmen und zu den Artikeln 4 und 4a der EVTZ-Verordnung

Das Europäische Parlament, der Rat und die Kommission vereinbaren, in den Organen und Mit-gliedstaaten besser koordinierte Bemühungen zur Sensibilisierung für die Möglichkeiten der Inanspruchnahme von EVTZ als für die territoriale Zusammenarbeit in allen Politikbereichen der EU verfügbares optionales Instrument zu unternehmen.

In diesem Zusammenhang fordern das Europäische Parlament, der Rat und die Kommission die Mitgliedstaaten insbesondere auf, geeignete Maßnahmen zur Koordinierung und Kommunikation unter den innerstaatlichen Behörden und zwischen Behörden verschiedener Mitgliedstaaten zu unternehmen, um innerhalb der festgesetzten Fristen klare, effiziente und transparente Verfahren zur Genehmigung neuer EVTZ zu gewährleisten.

Gemeinsame Erklärung des Europäischen Parlaments, des Rates und der Kommission zu Artikel 1 Absatz 9 der EVTZ-Verordnung

Das Europäische Parlament, der Rat und die Kommission vereinbaren, dass sich die Mitgliedstaaten, wenn sie Artikel 9 Absatz 2 Buchstabe i der Verordnung (EU) Nr. 1082/2006 in der geänderten Fassung anwenden, bei der Prüfung der im Übereinkunftsentwurf vorgeschlagenen Vorschriften für die EVTZ-Mitarbeiter bemühen werden, die verschiedenen verfügbaren Optionen in Bezug auf den arbeitsrechtlichen Status zu berücksichtigen, die vom EVTZ auszuwählen sind, sei es nach privatem oder nach öffentlichem Recht.

Richten sich Anstellungsverträge für EVTZ-Mitarbeiter nach privatem Recht, so berücksichtigen die Mitgliedstaaten auch einschlägiges EU-Recht, beispielsweise die Verordnung (EG) Nr. 593/2008 des Europäischen Parlaments und des Rates vom 17. Juni 2008 über das auf vertragliche Schuldverhältnisse anzuwendende Recht (Rom I), sowie die entsprechende Rechtspraxis der anderen im EVTZ vertretenen Mitgliedstaaten.

Das Europäische Parlament, der Rat und die Kommission gehen ferner davon aus, dass, wenn sich Anstellungsverträge nach öffentlichem Recht richten, die innerstaatlichen Vorschriften des öffentlichen Rechts desjenigen Mitgliedstaats gelten, in dem die jeweilige Einrichtung des EVTZ angesiedelt ist. In Bezug auf EVTZ-Mitarbeiter, die bereits den innerstaatlichen Vorschriften des öffentlichen Rechts des Mitgliedstaats, in dem der EVTZ seinen Sitz hat, unterlagen, bevor sie EVTZ-Mitarbeiter wurden, können jedoch die Vorschriften dieses Mitgliedstaats zur Anwendung gelangen.

Gemeinsame Erklärung des Europäischen Parlaments, des Rates und der Kommission zur Rolle des Ausschusses der Regionen im Rahmen der EVTZ-Plattform

Das Europäische Parlament, der Rat und die Kommission vereinbaren, in den Organen und Mitgliedstaaten besser koordinierte Bemühungen zur Sensibilisierung für die Möglichkeiten der Inanspruchnahme von EVTZ als für die territoriale Zusammenarbeit in allen Politikbereichen der Union verfügbares optionales Instrument zu unternehmen.